拜懺50問

學佛入門Q&A

法鼓文化編輯部 編著

〈導讀〉

生命的轉捩點——懺悔法門

仍在懵懵懂懂的二十二歲，我就隨著聖嚴師父出家了。「生轉熟，熟轉生」的學習過程並非易事，感恩有懺悔法門爲依怙，才能一路走到現在。

剛出家還是行者時，年輕氣盛，往往動輒得咎，體力用不盡，修行不得力。那時在寺院廚房大寮領執，憑著一點小聰明，對一切總是有很多意見，尤其與組長之間常常意見不合。聖嚴師父常提醒我不能與人衝突，要多拜佛、多念觀世音菩薩。我心裡眞的不想跟任何人對立，很努力聽師父的話，也時時警惕自己要與人和諧相處。但是，愈不想碰面的人，愈容易碰面；愈不想對立的人，愈容易衝突。這就是佛法所說的人生八苦之一的

「怨憎會苦」，心所憎惡的人或事，愈想遠離，反而愈易共聚。看到自己只能被強大的業力推著走，完全不能自主，實在很痛苦。

年紀輕輕學佛，如同一張白紙；能接受高明畫師的指導，才有機會畫出好圖。我時常分享自己是有福報的人，這份福報不是因爲年輕出家，而是在年輕的時候，就確立了對聖嚴師父的信心。

由於自己身心經常無法調適，與人產生的種種對立和衝突，聲音都傳到師父那裡。有一天早課時，聖嚴師父只好找我談話：「你到底有沒有用師父教你的方法在修行呢？」想不到師父甚至問我：「你到底想不想出家啊？」這才知道事態嚴重，可能無法順利落髮。幸好師父接著問：「師父幫你做個法好不好？」我說：「只要能夠出家，不被趕出去，要我做什麼都可以！」那時只心想原來師父有法力眞厲害，還不太了解什麼是懺法。

早齋過後，師父讓所有僧衆在大殿集合，並要我在佛前跪下。師父說：「僧團是一個和合的僧團，不允許吵架。果慨行者常做錯事，還好與人爭辯，今天他要向僧團大衆求懺悔！」於是我跪在佛前向大衆懺悔，看著佛菩薩、看著師父、看著僧團的每一位法師，在那一瞬間，我確實打從心底眞心覺得對不起大衆：對不起爲我擔心的師父、對不起當家師、對不起組長……，心中充滿對不起的悔意。懺悔結束後，師父說：「大家也要感恩果慨，讓僧團有機會將懺悔羯磨建立起來，師父也有因緣可以親自主持，給未來僧團做了很好的示範。」

求懺之後，原本笨重的身體突然變得輕盈了，整個人彷彿新生一般，好輕盈！好輕鬆！察覺自己的身心反應後，更是感動：感動自己遇到一位有法的師父，不僅對弟子的身心狀況瞭若指掌，在修行的道路上，也清楚如何協助弟子們繼續往前走。從那一刻起，我對我的師父，深信不疑！出家至今，更清楚知道修行能走到什麼程度，取決於對三寶和師父的信心。

這次的懺悔羯磨，對我後續的修行方向，具有關鍵性的影響。由於身心產生如此巨大的轉變，而大感好奇師父到底幫我做了什麼法？我於是開始投入鑽研懺悔法門，所以懺悔法門便成爲我的主修功課。

佛法的修持法門，不出「戒、定、慧」三學。凡夫衆生持戒不可能清淨，若要清淨，必須修懺悔法門。因此，「戒」的重點，其實在於「懺」。爲什麼要懺呢？舉例來說：身體是修行的道器，就像一個杯子裡若裝滿髒水，就無法倒入法水，必須先將杯內的髒水倒出，才能有空間倒入法水，慢慢稀釋。如何倒出髒水呢？必須要修懺悔法門。

我們在禪堂打坐、在佛堂念佛、在法堂研讀教理，有些時候不得其力、難入其門，這就表示有障礙；或許可以先暫時放下目前的用功方式，轉而修持懺悔法門，即是先清除修行上的障礙，再繼續使用原本的法門，反而事半功倍。我們修行也可選擇以懺悔法門爲主修法門，譬如大悲懺、淨土懺、地藏懺、法華三昧懺、梁皇寶懺、慈悲三昧水懺等等，這些懺法事理兼備，但若想眞正受用，仍需要請教眞正懂得懺悔法門的明師，因爲這些懺悔法門帶有禪觀，而禪觀需要正知正見的老師指導。

聖嚴師父曾說：「懺悔業障，是佛教徒們天天要修的功課。」我自己因受益於懺悔法門甚多，確信懺悔法門是一切法門的前方便，也可以此直至究竟成佛。

《拜懺50問》一書能讓我們對於懺法，有一個整體的基本認識，更重要的是可以協助我們建立正確的知見，掌握拜懺的要領，化解心中的迷惑，所以樂於推薦給所有學佛者閱讀。

懺悔，眞的是改變生命的轉捩點！只要願意開始試著拜懺，就能體會什麼是懺悔得清淨！懺悔得安樂！

釋果暉

法鼓山弘化發展專案
總召集人

目次

2

懺悔業障，改過自新

3 拜懺有方法

4 懺悔舊業，迎接新生

1

真正懺悔，真正超度

Question

01

爲什麼要拜懺？

煩惱一直揮之不去？生活與修行總是不如意？……，每逢遇到種種的人生考驗時，法師總是會勸人多拜懺，才能心安平安。很多人也確實感受到拜懺能讓人煥然一新，恢復信心，重新出發，因此無論生活再忙碌，每個月都會固定參加拜懺共修，讓自己能夠不斷成長。

雖然拜懺共修的清淨修行氛圍，感染著每一個禮佛懺悔的人，但是在一禮一懺的當下，除了感受法會的殊勝莊嚴，我們是否能夠眞正了解禮懺的意義，將懺悔的精神融入身心？還是抱持參加廟會趕集的心態，盤算著拜懺之後消災解厄的效益？

拜懺是修行的根本

拜懺是漢傳佛教中重要的實踐法門，藉著行懺來消除罪障，清淨身心。因此，拜懺的意義，不只是在參與拜懺法會數個小時的洗滌淨化，而是要將禮懺的精神進一步延續到日常生活中，隨時自我觀照，拜懺的力量才能從根本改變我們的生命。

如果拜懺的動機，只是為了自己的現實利益，希望萬事如意，就如同日常生活中與人發生摩擦或得罪他人時，沒有眞心感到慚愧抱歉，卻希望對方不要斤斤計較，這樣是無法讓懺悔的淨化作用，發生在自己的生命中。拜懺的精神在於誠實面對自己的過錯，並發起不再造惡業的心，這才是懺悔的精神。

《地藏菩薩本願經》說衆生「舉止動念，無不是業，無不是罪」，我們會生死輪迴，正是因為業力牽引，如果過去生不曾造作罪業，此生便不會輪迴受罪。

想要解脫自在，拜懺正是懺悔罪業的修行良方。

懺悔是重要的日常恆課

人畢竟很難不犯錯，經常在不知不覺中犯錯而不自知，因此，不一定要等到犯了錯才懺悔，應隨時心存慚愧、懺悔，而參加拜懺便是將自己的心放入佛法的清涼水中，藉著一次又一次地禮佛懺悔，讓染汙的心恢復自性清明，如此也才能納受佛法的清涼自在。

聖嚴法師於《學佛知津》一書勉勵我們，懺悔是在家居士不能缺少的日常恆課：「唯有在不斷地懺悔之中，才能不斷地改往修來，才能不斷地邁向成佛之道；唯有天天都是生活在『覺今是而昨非』的新境界中，才是最能變換氣質的人，才是最有新希望、最有新發現的人。」

（李東陽　攝）

如果能每月固定參加拜懺共修，能每天抽出幾分鐘做懺悔，誦念〈懺悔偈〉，將能幫助我們卸下心事，提起願心，走出懊惱，重拾信心！讓自己日新又新，迎向未來！

Question 02

什麼是懺悔？

「懺悔」是中國佛教特有的名詞，在佛教傳入中國前，沒有「懺悔」二字連用的中文詞彙。

承認錯誤，懺罪、悔罪

「懺」是「懺摩」（梵語 kṣama）的略譯簡稱，意譯是容忍、寬恕，表示自己犯錯請求對方容忍、寬恕。「悔」（梵語 āpatti-prati-deśanā）意爲「說罪」，亦即陳說罪狀，追悔過去之罪，向對方認錯與明白說出自己所犯的過失。所以，懺悔即是承認自己所犯錯誤，對此深感慚愧，願意負起責任、承擔過錯。

（張晴　攝）

回歸佛道的慈悲門

聖嚴法師於《戒律學綱要》對懺悔字義詳加說明，照原意來說，kṣama 意爲「乞容恕」，與 āpatti-prati-deśanā 的「說罪」，本不可混合解釋與應用，但中國已將兩者合而爲一。因此，懺罪含有悔罪意，悔罪也含有懺罪意。比如作法懺、取相懺、無生懺，既可稱爲「三種悔法」，也可稱爲「三種懺法」。但在佛教的律中，則多用悔罪法來代表懺悔二字。

懺悔是佛教重要的修行法門，從佛陀在世時，依戒律的「作法懺悔」，發展至漢傳佛教獨特的「禮懺法門」，幫助佛子們時時修正自我，恢復清淨。透過拜懺，讓我們在偏離佛道時，能夠迷途知返，可說是佛爲我們開啓的大慈悲門。

Question

03

懺悔就是懊悔嗎？

懺悔不等於懊悔。懊悔是將懊惱積壓在心中，不去面對、處理，日積月累的結果，就像水溝裡的汙泥長年淤積不清除，時間一久，自然發臭。這種不斷犯錯卻又不斷懊惱的愧疚感，會讓心緒不得安定，成爲修行的障礙。

懺悔是積極改過與承擔責任

至於懺悔，如同聖嚴法師在《智慧一〇〇》書中所說：「懺悔的意思是，反省自己已犯的過失，願意面對它，承擔起過失的責任，從此改正錯誤，決心不再犯過。」就如同打開水溝蓋，看清自己的過錯，接著清理它；清除了淤泥的水道，自然清淨、暢通，不會阻塞。因此，懺悔是積極地自勉自省的行爲，願意改過與承擔責任。

（釋常鐸　攝）

懺悔不等於自我反省

佛教的懺悔也與一般的自我反省不盡相同，主要的差異在於反省過後的處理，佛教的懺悔除了知錯、認錯，還有一項「發露懺悔」的儀式，意即對他人坦白自己的過錯。先坦承面對自己內心的不安，並找出讓心不安的原因，從中找到解決不安的方法，進而承擔責任，下定決心永不再犯。

因爲消除了讓自己犯錯和感到慚愧的原因，所以懺悔後就能安心地放下，就如《大智度論》所說：「若人罪能悔，已悔則放捨；如是心安樂，不應常念著。」對自己的過失一旦懺悔了，就要學習放下，才不會累積不健康的內疚感，也才能平靜安樂地生活。

Question 04

懺悔爲何「懺名白法，悔名黑法」？

白法是清淨無染的善法，黑法是邪惡雜染的惡法，修行應取黑法或白法，一目瞭然。

取善法，捨惡法

《金光明經文句》說：「懺名白法，悔名黑法。黑法須悔而勿作，白法須企而尚之，取捨合論，故言懺悔。」意即懺是清淨善法，悔是雜染惡法。悔是黑法、是惡法，應悔改勿做；懺是白法、是善法，應努力去做。取善法，捨惡法，即是懺悔。

（張晴　攝）

改往修來，破惡生善

《金光明經文句》又說：「懺名修來，悔名改往。往日所作惡不善法，鄙而惡之，故名為悔。往日所棄一切善法，今日已去誓願勤修，故名為懺。棄往求來，故名懺悔。」除黑法，行白法，具有非常積極的修行精神。改往修來，承認過去所犯錯誤，發願勤奮修習善法。

因此，懺悔具有破惡生善的力量，讓我們清楚明白身、口、意三業的所作所為，是善業或惡業？從而去惡向善，讓黑暗的人生，重見光明，充滿希望。

Question

05

拜懺有何功德？

懺悔法門是佛教徒不可或缺的修行法門，因爲修學佛法需要懺悔一切業障，才能清淨自心，安心修道。

懺悔的功德

拜懺的主要功能包括：1.懺悔業障，不障修行。2.改惡向善，不造新殃。3.消災祈福，增長功德。4.超度怨親，解怨釋結。5.清淨身、口、意三業，成就戒、定、慧三學。

許多佛教經論都肯定與讚歎修持懺悔的功能，如《大乘本生心地觀經》有言：「若能如法懺悔者，所有煩惱悉皆除，猶如劫火壞世間，燒盡須彌并巨海。」

經中並說懺悔有十種功德：

1.懺悔能燒煩惱薪。

2.懺悔能往生天路。

3.懺悔能得四禪樂。

4.懺悔雨寶摩尼珠。

5.懺悔能延金剛壽。

6.懺悔能入常樂宮。

7.懺悔能出三界獄。

8.懺悔能開菩提華。

9.懺悔見佛大圓鏡。

10.懺悔能至於寶所。

實修才能受用

由此可知，懺悔的廣大功德力，不可思議，能懺悔消業、增長福報、得入禪定、得佛智慧。

無論佛經與懺儀所述的種種懺悔法門功德有多廣大，如果我們不親自體驗，終究是不能受用，需要真正實修，才能感受法喜。

Question

06

拜懺法門的起源爲何？

追溯現行拜懺法門的根源與發展，有助於釐清拜懺的眞正意涵，才能讓拜懺儀式回歸修行的意義。懺悔法門，源起於佛陀時代，僧團每半個月所舉行的「布薩（poṣadha）」儀式，由熟悉戒律的比丘僧誦戒，讓僧衆反省這半個月中的行爲是否合乎戒律，如有犯過者，便於佛陀或大衆前發露懺悔，藉此長養善法，並維繫僧團的清淨。

大乘佛教的懺悔法門

到了大乘佛教階段，懺悔法因所依經典的不同，而開展出不同的修持方式，例如事相懺悔從「發露懺悔」發展爲稱念佛名、禮拜、誦經、持咒等，有關懺悔思想的經典中，也開始出現懺悔、勸請、隨喜、迴向、發願等懺悔的儀節。大睿法師在《天台懺法之研究》一書中，綜覽懺悔法門的發展軌跡指出，從原始佛教發展至大乘佛法，儘管修持方式有所轉變，但懺悔的根本仍以懺罪清淨、增長善法爲主，此外，修定證三昧、得解脫也成了大乘佛法重要的行懺目的，可見懺悔與修行之間息息相關。

佛教傳入中國之後，當時的社會，除了傳統儒家修身自省的精神，民間也盛行道教祈禳滅罪、拔苦救度的觀念，加上連年戰禍，從王公貴族到一般平民百姓都冀望能尋得心靈上的寄託與庇佑，希望能以懺過來祈福、免難，因此，佛教經典中的因果業報及「功德」思想很容易被中國社會接受，也帶動了佛教禮懺儀軌的興起。

拜懺是漢傳佛教獨有的修行方式

拜懺儀軌是漢傳佛教所獨有的修行方式，一般認爲最早創制懺儀的是晉代的

（釋常鐸　攝）

道安法師（西元三一二—三八五年），而智者大師（西元五三八—五九七年）所制定的天台懺法，對後代懺法影響深遠。佛教傳入中國的初期，禮懺流行於王室之間，雖然經典中禮讚和懺悔的內容已被應用來制懺、行懺，不過，空觀的修持並未納入行儀，而且拜懺目的也以消災免難、祈求國土平安爲主，一直要到智者大師制懺，才發展爲一套事理雙運、承先啓後的懺儀。

Question

07

天台智者大師和中國佛教懺法有何關係？

中國佛教自古即非常盛行修持懺法，早在東漢譯經初期，已有許多懺悔思想經典傳譯，而大乘佛教爲方便度衆，使用祈禱、咒術等儀式消災祈福，西域僧人也以神通、感應來度化王室信仰，所以在南北朝時期，已非常盛行禮懺懺儀。但是，當時的懺法以追求現世利益爲目的，所以趨向世俗化。

創制三昧懺法

直至隋代天台智者大師出現，才將懺悔與禪修結合，制作以懺罪、復戒、得定、發慧、解脫爲目的的三昧懺法。禪定與懺悔並重、事修與理觀相融等特色，便是智者大師所制懺法的基本特質，不同於之前流行的懺法，讓懺法眞正具備與發揮修行的功能。因此，可以說智者大師是爲中國佛教懺法行門確立組織模式的始祖。

智者大師將懺悔六根及五悔等儀節，融入天台禪觀的修證，提出五法、十科的組織，創制了事修、理觀並具的「法華三昧懺儀」。這不僅將漢傳懺法重新定位為懺罪清淨，乃至修觀發慧的行門，更奠定了往後祖師大德制懺的基礎。我們現在所禮拜的大悲懺、淨土懺、地藏懺等懺儀，便是根據智者大師所訂定的懺悔理則與儀軌組織而來。

帶動天台僧人創制懺悔儀軌

因著智者大師制懺的影響，後代許多天台僧人都普遍修持懺法，並依照他的制懺原則，也創制懺悔儀軌，其中以宋代的風氣最盛，更帶動宋代禮懺法會的盛行。例如創制淨土懺的天台遵式法師（西元九六四－一〇三二年），又被尊稱百本懺主，可見其所創懺儀之多。

如果沒有智者大師開風氣之先，讓懺法成爲修持禪法三昧的重要依據，不只懺除罪相，更懺除罪根，我們恐將無法修持此殊勝的解脫法門。

Question 08

拜懺佛事都是用來超度亡者嗎？

佛教的八萬四千法門當中，懺悔法門向來被視爲「萬行之初機，解脫之根本，入道之要門」，藉著行懺悔法達到懺罪清淨，進而復戒、得定、發慧，更是大乘經典中的重要思想。

經懺文化的迷思

佛教傳到中國後，開展出漢傳佛教特有的拜懺法門，但由於佛教功德思想融入民間信仰禳罪祈福的觀念，導致拜懺法門逐漸喪失懺罪清淨、修定證三昧的精神，更讓人誤以爲拜懺只是超度薦亡、消災祈福一類的經懺佛事。

（釋常鐸　攝）

還原懺悔思想原貌

因此，拜懺佛事不只是用於超度亡者，更是重要的修行方法。我們參加拜懺共修圓滿佛事後，還要將拜懺的淨化身心作用延續到日常生活中，隨時觀照自己的身、口、意，讓懺悔轉變與提昇我們的人生，把握此生用功修行。

禮佛拜懺，如能重新認識懺悔思想的緣起，以及祖師大德制懺的根源，解開漢傳佛教經懺文化迷思，還原懺悔思想原貌，將更能體會懺法中悔罪、淨化的力量，繼而生起與諸佛菩薩慈悲柔忍相應的菩提道心。

Question

09

佛教懺法和民間信仰祭祀懺罪有何不同？

佛陀在世時，不贊同繁文縟節的儀式，更反對婆羅門教的種種繁瑣宗教儀節。但是，不表示佛陀不認同儀式的重要，而是反對無意義的儀式，只著重在外在形式，而不具修行的功能和作用。修行儀式必須要能夠安定、淨化身心，以及開啓人的覺性，才能契合佛法的精神。而佛教懺悔法門的可貴處，便在於是能自覺覺他的修行法門。

真正的平安

民間信仰的祭祀懺罪，雖有一時安撫人心的功能，卻無法讓人一世身心平安。凡是向外祈求的平安，皆非眞正的平安，只有心無罣礙，才能活得心安理得，自由自在。

祭祀懺罪或能讓人也起向善的心，但是無法向內觀照、反省行爲的過錯，不知不善行的形成因緣，自然便無法懺除。而佛教懺法除有具體可行的方法，幫助人安定身心，重要的是能坦誠面對錯誤，勇敢承擔，改過不再犯。同時，內心不會有隱藏的黑暗面，能夠胸懷坦蕩，保持光明心。

眞正的懺悔

有一些民間信仰的祭祀懺罪，如不小心還可能遇到詐財騙色的神棍，本想花錢消災，反而人財兩失。這是因爲懺罪的發心不純淨，吸引與相應的自然也是惡緣、惡法。懺罪不應是與鬼神的買賣交易，這樣的贖罪無法讓心靈得到救贖。

眞正的懺悔，不需要豐富的供品，需要的是改過遷善的心。佛法說「心淨國土淨」，當我們的心清淨了，能以我們的清淨心，帶來光明的希望。我們在哪裡，那裡即是平安樂利的人間淨土，沒有怨親債主，只有菩薩道侶。

（釋常鐸　攝）

Question 10

拜懺只是爲了現世安樂，遠離災難？

中國佛教的禮懺修持，本是一普度衆生的方便法門，而度化衆生的慈悲願力，並非只求一世平安，而是希望能懺罪清淨，解脫生死，不再輪迴六道受苦。

出離心和菩提心

修學大乘佛法，必須有出離心和菩提心相互配合，才能夠去我執而得解脫，發悲願而度衆生。所謂發出離心，即是發願要像佛陀一樣出離煩惱、解脫生死輪迴之苦；所謂發菩提心，即是發願像佛陀一樣覺悟成佛，以度衆生。

佛陀爲何不繼承王位，不是也可以運用王權改善百姓生活嗎？那是因爲再強的王道也無法幫助人解脫生、老、病、死的痛苦，只有佛道才能讓大衆同行離苦

（釋常鐸　攝）

得樂的解脫道。因此，我們拜懺的時候，不妨想想自己用的是解脫的出離心或貪戀的生死心？發的是成佛的菩提心或是世間的凡夫心？我們到底是要隨佛行道，或是隨業流轉？

懺悔今生與過去無始以來的惡業

大乘佛法所修的懺法，不只是懺悔今生的過失，更懺悔無始以來所造作的一切惡業。能有機會如此根本徹底地拔除罪根，我們在拜懺共修時，一定要珍惜良機，在十方佛前誠心懺悔，誓願必定以佛法自覺覺他，讓眾生一起出離生死海，同登彼岸。

Question

11

爲何受戒前要做懺摩？

無論是三皈、五戒、八戒、十戒，乃至具足戒、菩薩戒，受戒之前必定先舉行懺摩儀式，在佛前至誠禮拜，持誦〈懺悔偈〉：「往昔所造諸惡業，皆由無始貪瞋癡，從身語意之所生，今對佛前求懺悔。」

納受戒體，重新做人

受戒需要如法懺悔過失，懇切懺除無始以來的一切罪業之後，才能以清淨的身心，納受戒體，重新做人。而受戒之後，在修學佛法練習持戒的過程中，難免會有所毀犯，必須能如法懺悔，才能使身心清淨，繼續持戒修行。

（陳孟琪　攝）

持戒清淨，才能得定、發慧

天台智者大師制懺的目的，是為僧團大眾修習止觀而作的，修習止觀的首要條件，是持戒清淨，如果戒不清淨，則禪定和智慧皆不能發。如《摩訶止觀》說懺悔能令罪消滅，不障止觀：「但用正觀心破其見著。慚愧有羞低頭自責，策心正轍罪障可消，能發止觀也。」

要化解修行障礙，需要藉由禮懺，懇切懺悔往昔所造諸惡業，讓罪障消除、身心清淨，進而恢復戒體，得定、發慧。因此，禮懺可以做為修學戒、定、慧三學的前方便，藉由如法拜懺來幫助順利修行。

Question

12

拜懺是向佛菩薩道歉嗎？

拜懺是禮佛懺悔，禮拜諸佛菩薩，以懺悔自己的一切罪業。

拜懺非祈求佛菩薩庇護罪行

向佛菩薩懺悔的目的，並非道歉懇求赦罪，而是坦白所做罪業，立志發願不再犯，求佛菩薩能爲此誓願證明。如同聖嚴法師《學佛知津》所指出：「對佛懺悔，並不是求佛赦罪，而是求佛證明，向佛坦白自己所作的罪業，下定決心，不再故意作惡。對他不起稱爲懺，對己認錯稱爲悔。佛菩薩是如此地偉大慈悲與清淨圓滿，佛菩薩希望我們也成爲偉大慈悲與清淨圓滿的聖人，而我們卻仍在自作自受的罪業中打滾，所以要懺悔。」

（釋常鐸　攝）

因此，如果以爲只要拜拜懺、禮禮佛，佛菩薩就會原諒自己的所作所爲，庇護自己不受法律制裁、不會自食惡果，能夠平安無事，那便誤解了拜懺的意義。即使僥倖不被人發現罪行，還是難免良心譴責，失去了拜懺發願承擔責任，讓自己可以重新悔過的安心機會。如果心不能安定，即使別人願意原諒自己，恐怕自己還是不能釋懷，無法自在面對被傷害者。

承擔才能成長

人都是在錯誤中學習成長，只有承擔責任才能累積經驗、鍛鍊智慧、培養慈悲、成熟人格。因此，與其祈請佛菩薩讓自己消災免難，不如發願自己能負起責任，並希望所有遇上類似自己處境的人，都能有懺罪除過的機會。

Question 13

什麼是〈懺悔偈〉？

〈懺悔偈〉由普賢菩薩所誦出，佛教不論是拜懺共修，或是日常課誦，都會誦念〈懺悔偈〉，可見其重要性。

〈懺悔偈〉的誦出因緣

《華嚴經．入不思議解脫境界普賢行願品》記載普賢菩薩誦〈懺悔偈〉的因緣，普賢菩薩十大願的第四願，爲「懺悔業障」。

普賢菩薩懺悔自念：「我於過去無始劫中，由貪、瞋、癡發身、口、意，作諸惡業無量無邊。若此惡業有體相者，盡虛空界不能容受。」從而發願：「我今悉以清淨三業，遍於法界極微塵剎一切諸佛菩薩衆前，誠心懺悔，後不復造，恆

（釋常鐸　攝）

住淨戒一切功德。如是虛空界盡、衆生界盡、衆生業盡、衆生煩惱盡，我懺乃盡。而虛空界乃至衆生煩惱不可盡故，我此懺悔無有窮盡，念念相續，無有間斷，身、語、意業無有疲厭。」

方便眾生勤修懺悔

爲讓衆生有方法能勤修懺悔，普賢菩薩因而誦出一偈：「我昔所造諸惡業，皆由無始貪瞋癡，從身語意之所生，一切我今皆懺悔。」意爲自己過往所造的種種惡業，都是從無始劫以來，由貪、瞋、癡三毒所造作出的惡業，而從身體、語言、意念表現出來；面對所有造作的惡業，自己現在至心誠意在諸佛菩薩前，請求懺悔。此即是〈懺悔偈〉的原型，後來因法會修行需求而發展出，文字略有不同的其他版本。

例如元代中峰明本禪師（西元一二六三—一三二三年）所著的《三時繫念佛事》，將此偈重新修訂，分在三時誦念：

第一時誦：「往昔所造諸惡業，皆由無始貪瞋癡，從身語意之所生，今對佛前求懺悔。」

第二時誦：「往昔所造諸惡業，皆由無始貪瞋癡，從身語意之所生，一切罪障皆懺悔。」

第三時誦：「往昔所造諸惡業，皆由無始貪瞋癡，從身語意之所生，一切罪根皆懺悔。」

〈懺悔偈〉的文句雖短，卻已直接陳述出造業根本原因，若能以此日日至誠用心懺悔，定能細水長流，常保身心清淨，功不唐捐。

Question

14 拜懺對修行有何幫助？

佛教認爲一切衆生都本來具有佛性，都本自清淨，但由於被種種錯誤認識所迷惑，而產生煩惱，佛性就被覆蓋住了。因此，我們需要修行以消除煩惱和障礙，而拜懺是化解修行障礙的妙法。

廣結善緣，多做懺悔

如同《聖嚴說禪》書中所說：「修行的人遇到障緣，不論是內心的或環境的障緣，最好的辦法是廣結善緣，並且多做懺悔；廣結善緣是培福，禮拜懺悔是消業。內在的業力減輕，外在的福緣增加，才能遇到貴人。」若只是一味苦修，或是不停更換法門，而不願拜懺求懺悔，往往適得其反，甚至可能轉而迷信邪說。

當身心環境遇到障礙時，如果能心生慚愧、懺悔，不埋怨他人、環境或命運，能夠坦然接受是由自己的業力所形成的因緣，然後發菩提心、出離心、感恩心、迴向發願心，修行自然可以水到渠成。

例如禪修方法不得力時，如果能懺悔禮拜，往往能有所突破，因為要懺悔煩惱，才能安心修行。而中國佛教的懺法本身，即已結合三昧禪觀，更能幫助行者以空觀悟空性。智者大師制懺時，即是希望修止觀輔以懺法，修懺法輔以止觀，兩者能相輔相成。

用法水洗滌煩惱

大乘佛教修菩薩道，行者要經歷的十個修行階段，稱為十地，行者如果不到初地，不能六根清淨；聲聞佛教修解脫道，有初果須陀洹、二果斯陀含、三果阿那含、四果阿羅漢等四種果位，行者如果不到初果，不能持戒清淨。

基本上，修行要修到六根清淨，才不會有作惡造罪心，我們不是聖者，起心動念難免都是煩惱。懺悔的作用，就像每天洗臉、漱口一樣，幫助我們清淨身心。因此，學佛必須每天懺悔，用法水洗滌煩惱，才能日新又新，日進又進。

（釋常鐸　攝）

2

懺悔業障，改過自新

Question

15

佛教如何看待罪？

一般人對於罪的思考，通常認爲觸犯法律即是犯罪，但是世間法律不會論及人的無明煩惱，更無法審判三世因果。如果不清楚佛教對於罪的看法，我們便很難理解自己生平不做壞事，未觸犯律法，爲何需要拜懺來懺罪呢？

罪的定義與內容

佛教所定義的罪，是指違反法性之理，或觸犯禁戒的行爲。如《大乘義章》說：「罪者，所謂不善之業。」通常佛教所說的罪，主要是指身、口、意所造作的惡業，會招感苦報的惡行，但有時也稱煩惱爲罪，因爲煩惱會讓人造惡業而受到苦果。

綜合來說，如同《大毘婆沙論》所載：「罪有三種，一業、二煩惱、三惡行。業中意業爲大罪，煩惱中邪見爲大罪，惡行中破僧虛誑語爲大罪。」

性罪與遮罪

而從持佛戒犯罪的果報來說，罪可分爲性罪與遮罪。

1. 性罪：指殺、盜、淫、妄四重戒。因其本性爲惡，故不待佛制，犯罪即獲罪報。不論受戒不受戒，因其犯罪行爲本身便是一種罪行、罪業，未來必定受罪報，所以稱爲性罪。

2. 遮罪：指酒戒等。遮罪雖本性非惡，佛爲保護餘戒，避免世人譏嫌，所以遮止，若犯此遮罪，則是犯佛制之罪。

佛教經典有許多關於罪的用詞，比如：罪爲惡的行爲，故稱「罪惡」；罪能妨礙聖道，故稱「罪障」；罪能招致苦果，故稱「罪業」；罪的行爲可招致苦報，

（釋常鐸　攝）

故稱「罪報」；罪的惡行是一種過失，故稱「罪過」；罪爲汙穢的行爲，故稱「罪垢」。

不論是否爲佛教徒，世界上沒有從來未出口傷人的人，也沒有從未做過錯事的人，每個人都曾經造過罪業，受過罪報。我們雖然不可能沒有罪過，但是可以透過受持佛戒，提醒自己修正行爲，並以拜懺來懺悔改過。透過拜懺來發願，罪有多大，我們的願就有多大，但願所有因此結緣的衆生，都能一同懺除罪障，共悟佛智。

Question

16 爲何會造惡業？

人們都知道不應該造惡業做壞事，修行者更是爲了修正自己行爲而學佛，爲何還是會明知故犯呢？

造惡業的原因

《瑜伽師地論》認爲造惡業犯錯共有四個原因：第一個是無知，第二個是放逸，第三個是煩惱盛，第四個是輕慢。

1. 無知：因爲無知而犯錯，受戒卻不學戒，沒有覺慧，所以連自己犯戒、犯錯都不知道。

2. 放逸：雖然學習過戒，了解持戒的開、遮、持、犯要領，開者是允許、遮者是禁止、持者是堅持、犯者是毀犯的戒律道理，但因失去正念而

（施純泰　攝）

忘記。

3.煩惱盛：雖然學習過戒，也有覺慧，但因爲煩惱熾盛，明知事所不應爲，煩惱纏逼而無法作主。

4.輕慢：對於持戒、犯戒都理解，卻沒有信解，於佛、法、僧三寶沒有敬意，不樂所學。由於輕慢，不在意戒律，而隨其所欲。

持戒保護身心

學佛即是開啓我們的覺性，一念迷是凡夫，一念覺是菩薩，只要能懺悔過失，用心持戒，我們的身心自然會愈來愈清明安定。因此，我們學佛一定要受戒、學戒、持戒，才能用佛戒保護自己的身心。持戒時，不要被煩惱左右，不能心生傲慢，這樣就不會偏離佛道。

Question 17

爲什麼要懺悔三障？

所謂的三障，是指煩惱障、業障、報障。我們每個人從無始以來所造作的罪業，無量無數，有來自身、口、意三業而生的罪業，有由眼、耳、鼻、舌、身、意六根而起的過失，有發自內心的邪見思惟、隨外在環境變動而起的染著等等。這一切罪相歸納起來，大抵不出這三類。

凡是未得解脫的眾生，都還處於三障當中，這些障礙不僅會對人生造成莫大的阻礙難關，也會障礙修行，障礙修菩薩道，障礙解脫成佛，所以需要拜懺以懺悔三障。

一、煩惱障

煩惱障是由意業而起，意業是指心裡產生的各種各樣煩惱，比如貪欲、瞋恚、愚癡、憍慢、懷疑、嫉妒、懈怠、慳吝、昏沉、放逸等。我們的心時常不斷地向外追求，本來非常喜歡，轉眼間卻大感厭惡，一下子充滿希望，一下子又充滿失望，許多問題在心中翻騰不已。有了堆積如山的煩惱，心就不能自主，而成爲障礙。

二、業障

業障來自身、口、意三業行爲的造作。我們的行爲，若屬於良善的，有助於我們增長善根，若屬於不善的，經過長期的執著與習染，便成爲牽動生死流轉的業力，而影響累世的生命。例如《慈悲三昧水懺》懺文從殺、盜、淫的身三業，惡、妄、綺、兩舌的口四業，以及六根業、於三寶間所起諸業中，列舉出一百二十四項業障，有輕有重、有粗有細，徹底而細微地引導大衆懺悔累世的種種業障。

三、報障

報障即是果報障，是緣於過去的善、惡行爲業因，而感得現在的業果，例如受到災難、年老、生病、死亡的苦，或是貧窮、親友離別、顛沛流離等，都是報障。尚未解脫生死輪迴的衆生，分爲三善道的天、人、阿修羅，以及三惡道的地獄、餓鬼、畜生；生在人道中已有許多障礙，更何況是生在三惡道中呢？而生在天道的天人也是有報障。

唯有時時懷抱一顆懺悔的心，承認自己的種種過患所造作的惡業，亦即以普賢菩薩「虛空界盡，衆生界盡，衆生業盡，衆生煩惱盡，我懺乃盡」的態度，將無量無邊的惡業懺除淨盡，才能遠離三障的纏縛。

Question

18

業障爲何在三障當中，力量最強大？

每一個人從無始以來所造作的業，無論善業或惡業，都具有它的力量，成爲生命過程中的助力與阻力，稱爲業力。這些業力，會恆久留存在我們的身心，如影隨形，時時刻刻影響著我們的心念、行爲，影響著家庭、社會與世界。

業力由無始以來累積而成

業障所指的即是「造惡業的業力」，即如《地藏菩薩本願經》所說：「業力甚大，能敵須彌，能深巨海，能障聖道。」

在煩惱障、業障、報障三障當中，「煩惱障」的潛伏力弱，可以透過佛法的智慧來轉化煩惱；「報障」的現前果報已結成惡果，只能受報，無法懺除；唯有「業

（陳孟琪　攝）

障」的業力是無始以來的熏染，力量是由無始以來不斷累積而成，所以最爲強大。

懺除業障，即消三障

近代海會寺開山住持道源法師將三障做譬喻說：「煩惱障如種子，業障如水土，報障如果實；懺悔業障，猶如去其水土之緣，則煩惱種子自然乾枯，惡報果實亦自無法生出。」由此可知，三障以消除業障最爲關鍵。

《大智度論》也說：「一切惡業得解脫，是名業障得解脫。問曰：若三種障：煩惱障、業障、報障；何以捨二障，但說業障？答曰：三障中業力最大故；積集諸業乃至百千萬劫中，不失、不燒、不壞，與果報時不亡。」

因此，佛教在接引人懺悔時，常常只說「懺悔業障」，因爲如果能懺除業障，即能帶動三障的消除。

Question 19

只要肯懺悔，就能無罪不滅？

《金光明經》說：「千劫所作，極重惡業，若能至心，一懺悔者，如是衆罪，悉皆滅盡。」《增一阿含經》也說：「人作極惡行，悔過轉微薄，日悔無懈息，罪根永已拔。」許多佛經都肯定懺悔能滅罪，讓人能還復清淨。佛不妄語，但我們自己是否能眞實信受呢？

以法水洗淨百年垢衣

如《大集經》所說：「百年垢衣，可於一日浣令鮮淨；如是百劫中所集諸不善業，以佛法力故，善順思惟，可於一日一時盡能消滅。……然諸福中，懺悔爲最。除大障故，獲大善故。」我們無始以來所犯的罪業，就如一件百年髒衣服的汙垢，明明佛已說可用法水洗淨，如果我們寧忍熏人臭氣，不肯洗衣除垢，慈悲如佛也是無可奈何。

懺悔滅罪，清淨如本

佛陀時代有位暴君阿闍世王，因犯弒父奪位的重罪，心病難安，全身生瘡腐爛，連神醫耆婆也無法醫治，建議他的業障病只能向佛陀求助。他告訴阿闍世王，佛陀曾說：「智者有二：一者不造諸惡，二者作已懺悔；愚者亦二，一者作罪，二者覆藏。雖先作惡後能發露，悔已慚愧更不敢作，猶如濁水置之明珠，以珠威力水即為清；如烟雲除，月則清明。作惡能悔，亦復如是。」耆婆鼓勵阿闍世王懺悔慚愧，必能滅罪，清淨如本。果然，當阿闍世王隨佛陀皈依三寶，深自懺悔所犯重罪，他的重病便痊癒了。

另外，中國禪宗三祖僧璨禪師，在未出家前，曾患痲風病，遍訪名醫都治不好，他自知是業障病，所以特地懇求二祖慧可禪師為自己懺罪。二祖對他說：「將罪來，與汝懺。」僧璨禪師答：「覓罪不可得。」二祖聽後即說：「我與汝懺罪竟。」僧璨當下領悟道：「今日始知罪性不在內、不在外、不在中間，如其心然，佛法無二也。」

因此，只要肯懺悔，無罪不滅。但是必須要了知罪性空寂，如實體證，轉識成智，才能證三昧徹底解脫，了卻無始劫來的罪業。

Question

20

人生遇到困難，就是業障現前？

有的人一遇到困難時就會覺得自己：「業障現前了！」需要改風水、消災業，去一去晦氣。如果面對考驗，只想以花錢轉運或拜懺消災，人生很難從中得到成長，人格也很難磨鍊成熟。

帶著業障出生

有句話說：「業不重不生娑婆，障不重不為凡夫。」與其說別人是業障，其實世間的眾生就是帶著業障出生。我們在今生今世，已不知造就多少的罪業，更何況從無始生死以來所犯的過失？若非父母親友、師長同事的多方包容呵護，我們如何能夠順利成長？更何況我們都是依著眾生恩才能生存於世，如何能夠記仇忘恩呢？

（釋常鐸　攝）

以願力轉化業力

因此，不要將不順己心的人、事、物，視爲對立的業障，應該要起感恩心、慚愧心與懺悔心，看看可以從中如何鍛鍊自我，如何造福他人？不把困難當困境，而是一次成長機會與體驗，便能以願力轉化業力，以種福田來消業障。

Question

21

什麼是重報輕受？

重報輕受是指原本應該承受的重報、業報，由於因緣條件的改變，所以業報轉輕。比如原本應該因重病死亡，但得遇良醫痊癒；或是本應失業破產，卻只遭受一點財物損失。而通常轉變因緣的關鍵，即在於能否懺悔業障。

懺悔功德減輕業報

舉例來說，發生天災人禍時，為何有人受的果報輕，有人受的果報重呢？這即是共業之中的別業。佛法所說的「業」，有「別業」與「共業」之分。別業是個別的眾生造了個別的業，使不同的眾生，接受各自的果報；共業則是不同的眾生在不同的時空，造了同類的業，使得不同的眾生共同接受同類的果報。《慈悲三昧水懺》說：「業報至時，非空非海中，非入山石間，無有地方所，脫之不受

（釋常鐸　攝）

報，唯有懺悔力，乃能得除滅。」當人有懺悔心，便能減輕個人的業報，反之，則只能隨共業而感苦果、受苦報。

請佛菩薩為擔保人

但是，如果懺悔可使重罪輕受，是否只要天天拜佛懺悔，就能消除業障、免除承擔所有果報的責任呢？拜佛懺悔確實有助於消除業障，可是並非是因佛菩薩用神通化除障礙，而是因有改過遷善的決心及誠心，所以能得護佑，能夠如分期付款般還債。正如負債累累的人，躲避至大富翁家裡，由大富翁出面向債主擔保，請求大家允許多給一些可以慢慢還債的時間，莫催逼過急。因此，佛菩薩只是做個擔保人，不代爲還債，債務還是要由自己一分一毫慢慢償還。業報一定要受了才能消，只要明白因果，就能坦然面對、接受果報，不抱怨、不逃避，內心即會平安，而不感到痛苦。

Question

22

報應與果報有何不同？

一般人所謂的「報應」與佛教所說的「果報」是不同的，佛教的因果觀是因緣與果報，也就是說：我們種下了善因，不一定立即產生善報，只有等到因緣成熟，才能得到善報的結果。反之，所造的惡業，也必於因緣成熟時得到惡果，因此《大寶積經》說：「假使經百劫，所作業不亡，因緣會遇時，果報還自受。」

三種果報：花報、果報和餘報

聖嚴法師在《禪與悟》中指出，果報分爲三種，分別是花報、果報和餘報。今生造業今生受的是花報，可以說僅是冰山之一角；主要的報應在未來，稱爲果報；而在未來的一生乃至多生還受不完的，則是餘報。所謂先開花後結果，今生先受花報，未來再受果報；餘報就是果報未完，仍要繼續受報。

舉例來說，有人犯了五逆罪而下地獄稱爲果報；未下地獄之前在人間遭人唾棄是花報；而離開地獄生到人間時，依然是貧病交加，卑微低賤，四肢不全，五官殘缺，這可能都是餘報。在造業之後，當生尚未受報時，一切所造之業都是未來受報之因；此因藏於我們生命的主體，亦即第八識的阿賴耶。佛教講「業感緣起」，「業」是身心的行爲所留下的慣性作用或餘勢，這種慣性，可以一直延續下去，直到無從著力之處爲止。

報應是現世報的惡報

而人們常說的「報應」，帶有「負面」的意思，是指「現世報」的「惡報」，屬於「花報」；但佛教所謂的「果報」是有好有惡。人們常懷疑有些人做盡壞事，可是好像沒有「報應」，甚至還享受榮華富貴，反觀有些好人卻不長壽。其實只要明瞭超越時空的「三世因果」，有無限的過去世和未來世，就可解釋有些人今世爲惡，但前世種了善因，因此今世仍來享福報；但所造的惡業在未來世還是要

（李蓉生　攝）

受報。所謂「欲知前世因，今生受者是；欲知來世果，今生作者是」，點滴的身、口、意行爲，都會產生力量，並影響到未來，千萬不能心存僥倖。

Question

23

拜懺後，為何要發願迴向？

拜懺後要發願迴向，即發願用拜懺的修行功德，迴向分享給一切眾生。發願是用以確立清楚我們的生命方向，迴向則可擴大無量悲心。

懺除修行障礙

在拜懺共修圓滿結束後，都會唱誦〈迴向偈〉，最常使用的是：「願消三障諸煩惱，願得智慧眞明了，普願罪障悉消除，世世常行菩薩道。」藉由將所行的善法功德，做如此的迴向，用以懺除修行上的障礙。

分享迴向的心光

願消三障諸煩惱：三障是業障、報障、煩惱障。願消除一切的修行障礙。

願得智慧真明了：願開發清淨無煩惱的解脫慧，眞正了解自他而不犯錯。

普願罪障悉消除：祈願自己及衆生都能免於環境與修行上的種種災禍。災，分爲外災及內災。外災包括水、火、風三種大災，刀兵災、疾厄災、飢餓災等小災。內災是修行禪定的八種災難：憂、喜、苦、樂、覺、觀、出息、入息。

世世常行菩薩道：發願生生世世廣修六度萬行，能夠在菩薩道自利利他，不斷前進。

發願會產生行動的力量，期勉自己在拜懺後能煥然一新，能成長自己以利益他人，而迴向的分享，能點亮自己和大衆的心光，讓佛法光明普照世間。

Question

24

善有善報、惡有惡報，拜懺除罪是否有違因果？

從佛教的立場來看，「惡有惡報，善有善報」是正確的因果觀念，但是拜懺除罪並不違背世間因果。

罪性本空，因果仍在

觀罪性本空，是明瞭罪性由因緣和合而成，非固定不變。罪性雖然是空的，可是因果仍在，所以仍要隨緣消舊業，只是不再造新殃。如果有人自稱悟道，故意先犯罪，再拜懺觀空，說是無罪可懺，顯然只是個大妄語者，既未見性，也不明因果。

懺法所謂的除罪，是指內心不再恐懼惡報，能將世間的善、惡、苦、樂都平等看待，能坦然接受所有因緣，不躲債、逃債，願意對所造惡業負起責任。如果未能觀罪性本空，未能懺罪清淨，則只能被動等待受苦報，所以心中會爲此恐懼害怕，忐忑不安。

主動坦然受報

例如東晉的僧肇法師爲後秦國王姚興迫害，臨刑前說一偈：「四大原非有，五蘊悉皆空，將頭臨白刃。猶似斬春風。」不論是地、水、火、風四大的世界，或色、受、想、行、識的人身，都是因緣所組合而成，沒有永恆不變的自我，所以已實證空性的僧肇法師，能視死如歸，沒有恐懼，斬首如斬春風般自在。

實證無相懺罪清淨者，能解脫生死煩惱苦，所以是主動乘著願力面對生死，不是因受業報而輪迴生死受苦，即使是受苦受難，心得自在，便不以苦難爲苦難，所以能除滅罪業。

（釋常鐸　攝）

3

拜懺有方法

Question

25

什麼是事懺與理懺？

佛教的懺悔法門，可分爲事懺與理懺。

事懺與理懺合一

1.事懺：指事相的懺悔。原始佛教的僧人如果犯戒罪，大者於僧團集會做羯磨時懺悔，中者對一人懺，小者自我責心懺。透過具體的儀式作法，幫助人懺罪悔改。

2.理懺：指理觀的懺悔。觀實相之理，以達滅罪的懺悔。

漢傳佛教的懺法特質，爲事懺與理懺合一，理事不二。例如拜懺法會有具體的儀軌，透過禮拜、讚歎、誦經等種種方法，引導修行者依文起觀，眞心懺悔，

（釋常鐸　攝）

淨化內心，懺除罪業。

清楚罪業，拔除罪根

智者大師的《摩訶止觀》卷二說：「事懺，懺苦道、業道；理懺，懺煩惱道。」事相的懺悔，能讓人清楚觀察自己的身、口、意行爲，明白自己所犯的過錯，從而承擔責任，改過向善；理觀的懺悔，則能讓人覺知罪性本空、心性本淨，從而拔除罪根，解脫煩惱。

如同繼程法師於〈本空〉一文所說：「無事懺之用功，不能入於理懺；無理懺之工夫，清不完事相的雜染。事懺理懺一體，乃眞懺悔也。」因此，事懺與理懺是一體的，拜懺時需要身心合一，事理圓融，才能不留罪根，懺罪清淨。

Question

26

什麼是作法懺、取相懺、無生懺？

佛教的懺罪方法，可分爲三種：作法懺、取相懺、無生懺。

懺罪的方法

1.作法懺：作法懺是依律儀的作法，而行懺悔。原始佛教的作法懺，只用於僧衆。因戒律是佛所制，所以犯戒律需要依照佛所制的方法，才能懺除。

2.取相懺：取相懺以觀想佛像的相好、功德等，爲除罪懺悔的方法。取相懺需要依於靜定心成就而除罪，不同於作法懺爲作用力較淺的散心懺。取相懺如能觀想成功，表示心念皆能與佛的慈悲、功德相應，從而滅罪。

（釋常鐸　攝）

3.無生懺：無生懺是觀實相之理，觀罪性本空，知一切法常清淨，如《普賢觀經》所說：「一切業障海，皆由妄想生。若欲懺悔者，端坐念實相。衆罪如霜露，慧日能消除。是故至誠心，懺悔六情根。」如果成就，便能出三界。

宋代四明知禮法師於《修懺要旨》解說作法懺、取相懺、無生懺三種懺法，提醒人拜懺時要同時心存三種懺法。但是以無生懺最爲重要，要以理觀拜懺，才能罪消塵劫。

積極的自利利他菩薩精神

原始佛教認爲如犯戒律，應當如法懺悔，未犯前則無懺悔之理；但漢傳佛教則認爲，不論犯與未犯，皆應懺悔今生乃至往昔無始以來的罪障。因爲從無始以來，所造惡業無量無數，如不先懺悔，修行可能會遇魔障，所以需要懺悔業障。

漢傳佛教不但認爲行惡有罪，如果不行善也有過失，特別具有一種積極的自利利他菩薩精神。因此，拜懺不僅是防止犯錯，也累積福德資糧，願與衆生同得清淨，同入佛智。

Question

27

拜懺所懺悔的對象是誰？

懺悔須要有對象，才能表白悔過，通常對象包括自己、他人與大眾。

懺悔的對象

1. 對己懺悔：也稱「責心懺」。這一種懺悔是對自己個人，檢討自己；但非責罵自己，也非悔恨自己，而是檢討自己，發願從此以後不再犯錯。責心懺通常用於比較輕微的過失，沒有造成他人的傷害，但是在修行上產生過失，需要自省。

2. 對人懺悔：知道自己傷害他人，或自己的行爲讓他人感到痛苦，這時候應該要勇於向對方懺悔。不管對方知不知道是我們傷害到他。只要發現自己對不起人，就要向對方表達歉意，承擔責任。

3.對眾懺悔：也稱「當眾懺悔」。這一種懺悔是犯了眾怒，或是造成一組人、一個團體的精神或物質損失，應該要當面、當眾懺悔，表現悔改誠意。

禮懺時的懺悔對象

而在拜懺時，不論自修或共修都需專注於禮懺上，不能與人交談，應該要向誰懺悔呢？

1.向佛菩薩求懺悔：藉著禮懺的機會，在十方諸佛前發願，請佛菩薩見證我們的發願，願意痛改前非，承擔責任。因此，這並非將自身的業障債務轉移給佛菩薩，而是請求佛菩薩讓自己有信心、有願力，能夠學習普賢菩薩的行願精神，眞誠實踐懺悔的願行。

（李蓉生　攝）

2.向眾生求懺悔：由於我們宿世以來，不知沉淪生死多少劫，造作多少罪業，傷害多少眾生，所以透過禮懺的機緣，應該向所有的眾生懺悔。請求一切眾生原諒我們因無明而犯下的過失，並保證我們已發心修行佛道，會用心拜懺將所有功德迴向給他們，希望能同以佛法超度自己與眾生。

Question

28

拜懺的順逆十心爲何？

智者大師於《摩訶止觀》，提醒修懺者應識「順逆十心」：「若欲懺悔二世重障行四種三昧者，當識順流十心，明知過失。當運逆流十心以爲對治，此二十心通爲諸懺之本。」

順於生死十心

「順流十心」是指衆生隨順煩惱、流轉生死之心，積集衆罪，此十心爲：

1. 無明煩惱心，廣造諸業。
2. 內具煩惱，外值惡友，惡心隆盛。
3. 內外惡緣既具，能內滅善心，外滅善事。
4. 縱恣三業，無惡不爲。

5.事雖不廣，惡心遍布。
6.惡心相續，晝夜不斷。
7.覆諱過失，不欲人知。
8.不畏惡道。
9.無慚無愧。
10.撥無因果，作一闡提。

逆於生死十心

要對治順流十心，必須逆十種心：
1.以深信，破不信。
2.生慚愧心，破無慚無愧心。
3.生怖畏心，破不畏惡道心。
4.發露重罪，破覆藏罪心。

5.斷相續心，破常念惡事心。

6.發菩提心，破遍一切處起惡心。

7.修功補過，破縱恣三業心。

8.守護正法，破無隨喜心。

9.念十方佛，破順惡友心。

10.觀罪性空，破無明昏闇。

智者大師說：「十種懺悔，順涅槃道，逆生死流，能滅四重五逆之過。若不解此十心，全不識是非，云何懺悔？設入道場，徒為苦行，終無大益。」因此，逆十心為拜懺心要，只有如此，才能真正懺罪，體會禮懺真義。

Question

29

獨自對佛像禮懺和拜懺共修有何不同？

聖嚴法師早期在高雄美濃閉關時，即是採取獨修的方式進行大悲懺。法師認爲獨修、獨懺必須具足一定的專注以及攝心的能力，行者需要練就一番修行的工夫與素養，對自身有十足的信心與把握，能夠察覺到一己意識的散動、浮想，立即將它收攝回來，回歸於當下的懺文、懺儀中。這樣高度的專注與禪定，並非初學者以初始的散心、浮心可以做到的。

共修的巨大凝聚力

參加拜懺法會「共修」，對初學者則格外得力，這是「依眾、合眾」的善巧方便。當人們進入道場時，很自然便能攝心莊穆起來。在拜懺的過程中，由於梵唄、唱誦、儀軌持續不斷進行著，即使心念偶爾流轉、飄忽、岔開了，也不致完

（釋常鐸　攝）

全中斷、停止下來。加上大眾共修的巨大凝聚力，一個飄閃的妄念，根本敵不過百個、數百個，甚或上千個虔心專注的力量。因此，妄念瞬即打散，又融入強而有力的「共懺」主流中。

避免散亂、疲怠

透過與會大眾集體懺悔的氛圍，就像一股氣勢龐大的洪流，能夠發自心底滌淨一己內外的垢惡與罪障。以集體的力量，轉化個人可能發生的散亂、疲怠，進而能傾全副心力，達到「拜懺除障」的目的。

Question

30

常見的拜懺法會有哪些？

印度自古即盛行法會，發展至今，漢傳佛教的祖師根據經典，創制許多經懺法會，除了自修，也是大眾共修的入門。常見的漢傳佛教拜懺法會很多，非常方便修持。

法華三昧懺

又稱法華三昧行法，簡稱法華懺，是隋代智者大師依照法華三昧的精髓，擷取《法華經》、《觀普賢經》等諸大乘經典的要義，並參考當時流行的懺法，編撰一卷《法華三昧懺儀》。懺儀根據〈普賢菩薩勸發品〉所示「三七日中，應一心精進」的原則，以三七日爲一期，透過禮拜、懺悔、行道、誦經、坐禪等種種行法，方便隨緣、隨境精進，達到一心不二的程度。法華三昧懺的特色爲禪定與懺悔並重，並不只是藉著儀式達到懺罪除惡而已，同時也是天台止觀修持的重要依憑。

大悲懺

以觀音菩薩爲主尊的懺法，爲宋朝四明知禮大師根據《大悲心陀羅尼經》及《法華三昧懺儀》而制，以觀音十大願文和〈大悲咒〉爲核心，內容包括：如法供養、至心禮敬、發願持明、披誠懺悔、旋繞歸向。

淨土懺

以阿彌陀佛爲主尊的懺法，爲北宋遵式法師所制，主在懺除往生西方的障礙，內容以《阿彌陀經》、〈往生咒〉爲核心。

（李東陽　攝）

慈悲三昧水懺

唐代悟達國師根據《圓覺經修證儀》所作。唐懿宗時，悟達國師膝上患人面瘡，後蒙迦諾迦尊者開示以三昧水洗瘡，病癒後便作懺文三卷，朝夕禮懺。後人便依此發露懺悔，滌除累世罪業、解怨釋結。

地藏懺

依據《地藏菩薩本願經》、《大乘大集地藏十輪經》、《占察善惡業報經》等與地藏菩薩有關的經典，編制而成。地藏懺內容主要是藉禮讚地藏菩薩的大願功德，爲自己以及眾生，懺悔過去所造的種種惡業。

梁皇寶懺

原名慈悲道場懺法，爲漢傳佛教史上部帙最大、歷時最久的懺法；相傳梁武帝夫人郗氏生性酷妒，死後化為巨蟒，入後宮托夢於帝，武帝於是延請僧眾制懺、禮懺，郗氏遂化為天人，後人便依此濟度亡靈、懺罪除愆。

金剛懺

全名為《大乘金剛般若寶懺》，共有三卷，是依據《金剛經》所行的懺法。禪宗自五祖弘忍禪師以後，《金剛經》已取代《楞伽經》，而深受重視。金剛懺法的流行，即是因《金剛經》信仰的普及影響。懺法以《金剛經》經文為主體，加入佛號輯成。

Question

31

如何選擇適合自己的拜懺法會？

拜懺法會的種類很多，可以就自己相應的修行法門，以及方便參加共修的條件做選擇。

固定參加拜懺共修

通常來說，修行最重要的是持之以恆。因此，最好能有固定道場參加拜懺。如果可以，短期的拜懺法會，可以固定參加一個月一次的大悲懺、慈悲三昧水懺、藥師懺等。這樣比較容易事先安排活動時間表，不會因工作或其他事影響，而必須取消共修。如果無法養成固定共修的習慣，久而久之，可能便一曝十寒，前功盡棄，提不起道心拜懺了。

而且，能在熟悉的道場定期參加拜懺，比較不需要重新適應環境與法會流程，能專心體會懺文與儀軌的修行內容。專心禮懺與散心禮懺的效用大爲不同，如果分心於外在環境，便無法眞正起慚愧心、懺悔心，而容易起煩惱心。

如果時間許可，也可每年爲自己安排一次梁皇寶懺或水陸法會，讓自己能心無旁鶩，全神貫注投入禮懺。

修行貴在一門深入

如果平常與觀音法門特別相應，可以選擇拜大悲懺；如果是修地藏法門，可以選擇拜地藏懺；如果是修淨土法門，可以選擇拜淨土懺。如此比較方便深入修行。但是，並非修淨土就不能參加法華三昧懺，修地藏懺就不能另修大悲懺、藥師懺，法法相通，佛佛道同，只是一門深入自然比經常換修行法門佳，除能熟悉方法，身心也比較容易安定。

（李東陽　攝）

有些人對於懺法有一種迷思，以爲多拜多保佑，所以只要聽說有寺院舉辦懺法就參加，但是卻未深入體會與思考所參加的懺法內容，甚至連自己參加過哪些懺法都記不太得。這樣彷彿將懺法當成音樂會來參加，自己只能成爲一個聽眾，而無法眞修實證懺悔法門。

拜懺並非參加的愈多，累積的功德就愈多，就如用有洞的破碗盛水會漏水，貪婪的煩惱會影響心清淨，而修懺的目的正是爲懺罪恢復心清淨而來，如此便本末倒置了。自然也非所禮拜的佛菩薩愈多，得到的庇護保障愈多，這樣是將拜懺當成買保險了。

選擇懺法的考量，應該還是要回歸修行，發心正確，相應而來的自會是善緣、法緣。而眞正用心拜一次懺，才能眞正受用。

Question

32

參加拜懺法會前，需要做什麼準備功課嗎？

天台智者大師在《法華三昧懺儀》說：「夫一切懺悔行法，悉須作前方便。所以者何？若不先嚴淨身心卒入道場，則道心不發，行不如法。無所感降。」意即修持任何法門都需要做前行功課，如果不先嚴淨身心，做好參加法會的準備工作，就匆忙進入道場，則身心不易安定，行持不易如法，修行也不易有所成就。

因此，參加拜懺法會前，應先「調伏身心、息諸外緣」，以念佛、持咒、靜坐等修行方式為定課，令身心沉澱安定，做為進入道場修行的準備。透過前行功課的用功，使身、口、意三業清淨，並以此清淨的身、口、意，虔誠恭敬供養三寶，累積修行所需的資糧及福報，布置莊嚴的修行道場。並經由反省生起慚愧心，進而向諸佛菩薩懺悔過錯，發願精進用功，使自己的身心清淨沒有障礙、煩惱，成就修行，達到參與法會的目的。

Question

33

什麼是懺悔七種心？

懺悔的時候，有所謂的七種懺悔心，藉由這七種心，一方面對自己產生深刻而強烈的提醒作用，另一方面也能喚起無我的空觀。

1. 生大慚愧心：唯有對自己的言行生慚愧心，才能進一步有懺悔的意願。
2. 生恐怖心：知道自己所造的罪業深重，知道業果的報應不爽，而生起擔心命終墮入惡道的恐怖心，這種怖畏心，能提醒自己隨時隨地注意身、口、意三業。
3. 生厭離心：知道生死流轉的恐怖與無奈，並能因此對流轉之苦產生厭離心。
4. 發菩提心：不僅自己生起出離煩惱的心，還要希望眾生也遠離流轉之苦，發起無上菩提心。
5. 怨親平等心：慈悲對待一切眾生，不分親疏、遠近因緣的人，也不論對方是否對自己有害或有益，都平等沒有差別，就是「怨親平等心」。

6.念報佛恩心：我們能從三界火宅中得救度，應要感恩佛菩薩的慈悲智慧，以及諸大善知識的指引，因此在懺悔業障的同時，也應生起感恩心。

7.觀罪性空：以佛法的究竟義來看懺悔，知道罪性本空，一切都是因緣而生、顛倒妄執而起，所以既仍能積極懺悔罪業，也能在懺悔之後，放下心中的罣礙，以清淨心繼續精進修行。

（釋常鐸　攝）

Question

34

什麼是懺悔六根？

六根是眼、耳、鼻、舌、身、意等六種感覺器官，我們依此認識世界，也依此攀緣外境，造作各種業。所謂的懺悔六根，即是向諸佛懺悔眼、耳、鼻、舌、身、意等罪障。

不再增長無明生死苦事

《佛說觀普賢菩薩行法經》說，我們的身心造作諸多惡業，心猶如猿猴與黏膠，處處貪著，這種執著迷惑會形成染汙業識，像枝條、花葉般成長，遍滿三界一切眾生處，增長無明生死苦事。因此，要以經中所說的「懺悔六根觀普賢菩薩法」，懺悔六根，恢復清淨。

重視造業的根本

智者大師所制定的法華三昧懺，即是採用《佛說觀普賢菩薩行法經》，以「懺悔六根」的方式修持。懺悔六根不僅是罪相的懺除，更重視造業的根本，以清淨六根，所以逐條懺悔六根罪業。並一心一意爲一切衆生行懺悔法，生大慚愧心，懺除衆生六根所造惡業，深具大乘菩薩的自利利他精神。

（陳孟琪　攝）

Question

35

爲何要拜懺反省自己？

我們想要眞正認識自己與提昇自己，需要常常反省，而拜懺正是一個自省的好方式。

禮懺儀軌的完整引導

因爲情緒波動時，會受煩惱左右，無法看清問題，只有當心境穩定時，才能夠冷靜看待自心。懺法能以完整的儀軌，引導我們放鬆與收攝身心，從而隨著懺本依文起觀，一層層深入反觀自己的身、口、意行爲，如此的懺罪力量，自然與一般的自我反省不同。

拜懺能讓我們不再與煩惱心相應，而能與智慧心、慈悲心相應。如果未透過

（釋常鐸　攝）

禮佛、唱誦懺文的方式引導懺悔，只是自我內在的省思，往往仍會陷於情緒迷宮裡，找不到出口，對自己大感失望；而歷經拜懺的洗禮，則能讓人洗除煩惱，化解心事，帶著希望重新出發。

不怕無明起，只怕覺照遲

懺法凝聚祖師的智慧結晶，內觀的覺知力與深刻度，遠遠超過我們個人的省思所見。每參加一次拜懺，就能更加深一層我們的自我覺察力，從禮懺熏習佛菩薩與祖師的解脫妙法。

有句話說：「不怕無明起，只怕覺照遲。」無論我們有多少無明煩惱，只要一念及時覺知懺悔，就能重見光明智慧。就如悟達國師因一念憍慢而生人面瘡，透過懺悔終得化解長久積壓的仇恨。

但是，佛法、懺法再好，聞法後不實修，就如生病求醫卻不服藥，縱使佛陀再世、華陀再世也枉然。因此，最好能參加拜懺共修，定期服用佛法妙藥，離苦得樂。

Question 36

拜懺生不起懺悔心怎麼辦？

犯錯的時候，人很容易產生懊惱心，但要起慚愧心、懺悔心並不容易，因爲總是會爲自己感到委屈，找出種種理由來脫罪。而在拜懺的時候，面對刹那不停的妄念，連自己的心在想什麼都不清楚，自然難起懺悔心。

身心恢復安定

我們的心本來清淨無染，如果能明白如此衆多的煩惱妄念，正是來自無始以來的因果障礙，便會知道自己需要懺悔的事難以計數。這些障礙如果不透過懺悔來化解，因心中煩惱難解，即使聽聞再多善法，一入心都可能變成煩惱。想要轉變負面思考的人生，正需要拜懺來轉化剛強的心，當心變得柔軟時，能讓不安的身心恢復安定。

沒有完美無缺的人

我們或許從外在看來都是善良的人，但是世界上沒有完美無缺的人，誰的人生沒有傷痕？沒有隱憂？透過拜懺的機會坦誠面對自己，才能夠不再隱藏心事、遮覆過失。

如同聖嚴法師於《禪的體驗．禪的開示》激勵人們如果要修行悟道，必須面對自己，痛下針砭，懇切懺悔：「在修行的過程中，不能再裝假了；要赤裸裸地，就怕自己揭露得不夠徹底，鞭策得不夠痛快。懺悔，就是面對自己。面對自己的過去和現在。」「對不起人的、對不起自己的，那就是缺點。有人認爲自己沒有任何對不起人的，可能嗎？是人，就有人的業報和習氣，就不會說沒有缺點，每個人都是滿心的創傷、滿身的瘡疤，你要捨得忍得，把瘡疤一個一個揭開來，否則便不知道自己有多醜陋。」

不妨想一想自己這一生對得起誰？對得起父母、師長、朋友？有沒有浪費自己的生命誤己誤人？對不起別人，其實也是對不起自己，因爲失去了提昇自己的機緣，而拜懺是重新改善自己的機會。

Question

37

累劫六親眷屬、怨親有緣已不在，拜懺超度有用嗎？

許多人會藉由拜懺來「超度」往生者，但是心中難免會疑惑，累劫六親眷屬、怨親有緣已不在人世，眞的能因而被超度嗎？

善業感生善處

所謂的超度，意思是指「超生樂土而度脫苦趣」，是仰仗家屬親友爲其所修善業力量的感應，藉著超度者的善業與誦經者的修持而起的感應。因此，拜懺時，主要是透過僧眾的引導，讓亡者家屬能誠心爲亡者做布施，並邀請亡者來聽聞佛法，以累積出脫三惡道的資糧。

亡者眷屬可將自身拜懺、誦經的功德迴向亡者，就是從自己迴轉朝向他人，這是屬於心力的感應。由於自己的心力通過諸佛菩薩的願力，而達於所要迴向的對方；這就像天空的陽光通過反射物的折射，便可使戶外的陽光照射到室內的黑暗處，因此，室內的黑暗處雖未直接曝曬到太陽，卻接受折射而來的陽光。

迴向功德

同時，雖然把功德迴向給他人，但自己的功德仍然絲毫不損，這在佛經中有一個比喻：一盞燈可以點燃許多燈，這盞燈雖然點了許多盞燈，卻不會因爲點燃其他的燈而就減弱了自身的燈光。因此，佛教徒只要拜懺做功德，都會發願迴向給一切的衆生，這一慈悲心能讓世界更光明溫暖。

（施純泰　攝）

4

懺悔舊業，迎接新生

Question

38

平常未做壞事就不用拜懺嗎？

或許有人認爲自己一生平順，沒有遇到什麼障礙，也沒有做出傷害別人的事，不需要懺悔；其實我們不僅常常忘記今生曾犯的過失，對於過去做過的錯事，自己也未必知道。如果我們過去世中不曾造下罪業，現在便不會再做凡夫；如果我們沒有做過需要懺悔的事，也應該不會有煩惱、苦難的果報。然而，我們眞的沒有任何煩惱、苦難的事嗎？

何人無罪？

就如《慈悲三昧水懺》所說：「衆生垢重，何人無罪？何者無愆？」「有二種白法，能爲衆生滅除衆障：一者慚，自不作惡；二者愧，不令他作。」通常當我們修習禪定、聽聞佛法後，會發現自己所犯的錯誤及過失多如繁星，難以計

（陳孟琪　攝）

數，自然而然會生起慚愧心、懺悔心。因此，不一定要犯了什麼重大的過失，才需要懺悔，而是不論做了害人害己、知道或不知道、記得或不記得的惡事，都需要懺悔。

培養慚與愧的善心所

懺悔，可以使煩躁、閉塞、不開朗的心，變成清涼、豁達、舒坦的心。懺悔能幫助我們培養「慚」與「愧」的善心所，懂得自我覺察、向內觀照，具有反省能力，當我們願意承認自己的過失，對自己的行爲負起責任，心中也就不再有罣礙，可以帶著全新的氣象再出發。

Question

39

拜懺只是一種心理安慰？

人非聖賢，孰能無過？當心受罪惡感困擾時，懺悔的方法具有助人脫困的作用。佛教律典勉勵人要懺悔，懺悔則安樂，用懺悔來洗滌罪垢，可以重新出發。一旦經過懺悔，就能放下罪惡感來，這並非說是沒有罪了，而是在認罪後，內心的牽掛障礙就消失了。

心安能平安

如果犯了過失，自己不肯承認，也不願讓人知道，這是沒有慚愧心。表面上看來，似乎只要不被發現過錯，就能平安生活，但是當人心有罣礙，如何能眞正平安呢？總是一天到晚擔憂著會不會被人識破，疑神疑鬼的結果，恐怕也很難安心睡覺。

（張晴　攝）

承擔的勇氣和信心

如能透過拜懺的機會，在佛前眞誠懺悔，發願改過，便能放下心中重擔，不再恐懼不安。因此，拜懺並非是一種心理安慰，而能帶給自己承擔的勇氣與信心。悔過不等於悔恨，自己的過失一旦懺悔了，就不要再掛在心上，才能平靜安樂過日子。

Question 40

待人處事常懺悔，會不會處處受限？

如果不知道犯錯，別人提醒我們之後，就要懺悔。即使自己不以為錯，或者可能是對的，但是只要讓人感覺受傷害，讓人起煩惱，就是犯錯，就應該懺悔。如此說來，佛教徒不就會動輒得咎，什麼事都不能做、什麼話都不能講了嗎？

感恩有機會修正惡習氣

同樣一句話，有的說法讓人傷心，有的說法讓人歡喜且願意接受，何不選擇讓人歡喜、願意接受的方式呢？目的相同，產生的反應、結果不一樣，所以應該懺悔。

如果與人起了爭執，一定是我們用的語言、表情、動作不恰當，應當面和對

（張晴　攝）

待人處事常懺悔，會不會處處受限？

方懺悔說：「對不起！讓你煩惱了。」不管是對長輩或晚輩，對所有的人都應該要謹言慎行，經常以尊敬的態度來對待。發心修行的人，本應懺悔自己的惡習氣，所以有機緣改正消業，應當感恩。

處處菩薩，左右逢源

通常我們爭執的對象，都是朝夕生活在一起的人，因為太熟悉所以不注重禮貌、態度，被指責了也死不認錯。小錯不認錯、大錯不認帳，就會起爭執。所以，先要尊重周遭的人，把他們都當成西方極樂世界的諸上善人、菩薩伴侶。

西方極樂世界的諸上善人俱會一處，就是同修淨業的菩薩伴侶，這樣西方淨土還沒有到，人間淨土就出現了。能如此，在平常生活裡，見到的都是一尊一尊的菩薩，只會左右逢源，絕不會處處受限。

Question

41

拜懺後生病是消業障，所以不該求醫治病？

學佛除了用功，拜懺除了誠心，最重要的是見解要正確。佛教的八正道：正見、正思惟、正語、正業、正精進、正定、正念、正命，將正見列爲第一，即是因爲必須以此來引領我們走向正確的修行方向。如果方向錯誤，可能偏向邪道，將邪法當成佛法，猶不自知。

不合因果是迷信

佛教有一「戒禁取見」，是一種錯誤的妄執我見。所謂的戒禁取見，是以不合因果、不合佛法的思想行爲，做爲必須遵守的戒條。持守這樣的戒條，不但不能得解脫，反而會障道。例如古印度有的苦行者認爲持牛戒吃草、持魚戒浸水，在死後可生天。他們修苦行是爲從煩惱得解脫，認爲一定先要讓自己受苦，受的苦愈多，煩惱就愈輕，以爲受夠苦後就得解脫。這是不合因果的迷信行爲，不合乎佛法。

是自製障礙非消業

生病應該求醫，卻自認爲是消業障，病苦愈重，業障愈輕，這便是不合因果的錯誤見解。如此不但自己受苦，也讓家人與朋友爲此擔憂不已。我們懺悔業障的目的，正是希望自己與別人不再受苦，何苦再造苦因，讓親友心疼呢？自製障礙，卻以爲是消業，實在可惜。

想要消業障，應該坦誠面對錯誤，不諱疾忌醫，該看病就看病，該吃藥就吃藥，隨緣而行。身體健康狀況好轉後，才有更多奉獻種福田的機會，幫助自己懺悔業障。

Question

42 拜了懺就不會下地獄受罰嗎？

地獄是所有三惡道受苦衆生中，最苦最慘的去處，在沒有解脫生死以前，人人都有墮落此道的可能。佛經常說的地獄，指備受酷熱、烈火、殺戮之苦的八熱地獄，以及備受嚴寒之苦的八寒地獄，是最根本的地獄樣貌。

宿行無惡不生地獄

地獄裡充滿各種刑具，都是由衆生的惡業招感而來。衆生之性剛強，就感得銳利堅硬的銅、鐵、石苦器；惡心熾燃如火，就與猛烈大火般的苦器相應。如《地藏菩薩本願經》所說：「各各獄中，有百千種業道之器，無非是銅、是鐵、是石、是火，此四種物，衆業行感。」

眾生所造的惡業罪行，有百千種差別，以《佛為首迦長者說業報差別經》所舉的十惡業總攝來說，都是利用身、口、意三業行重惡業，如果犯下這些惡業罪行，都會得種種惡報。

一切唯心造

拜懺是否能消除重罪免下地獄呢？從唯識的觀點來看，「一切唯心造」，地獄其實也是唯識所現。例如有一說，地獄閻王與獄卒均是由各個獄眾生的業力所感，都是眾生的業識所變現的。

就唯識所現的觀點來說，由於眾生在生前有這樣的觀念與想法，死後心識才會變現出如此的情境與現象，這也是為什麼民間傳說或故事裡，中國人所見的陰曹地府，裡面都是中國人，而西方人的地獄則都是西方人。

因此，如能透過拜懺修行來轉化心識，進而觀罪性本空，實無地獄，自能出地獄。但是因果不爽，雖能因悔改與觀空，不再造作惡業，中斷招感地獄果報的成形因緣，但仍是重報輕受。

Question

43

可以代人拜懺嗎？

所謂「個人生死個人了，個人業報個人消」，亦即每一個人的生死煩惱，都要靠自己從修行中獲得解脫，即使親如父母兄弟，也無法代替；就像吃飯一樣，自己吃是自己飽，誰也不能代替別人吃飯解飢。

只能迴向，無法代懺

因此，我們可以透過拜懺的方式，將自己的福報功德迴向分享給別人，但是無法迴向修行善根，也無法代爲懺悔消業障。

有些人見親友生病，或婚姻、工作不順，會想代爲拜懺消業，如果對方能因而慚愧懺悔而有悔改心，便能受到懺悔消業的受用，如果心念不轉，行爲不改，自然無法見效。正如佛法再好，如果對方不願相信，我們便無法讓對方產生法喜，修行一定要親自體會法味才行。

例如佛陀座下多聞第一的阿難尊者，他原本以爲只要跟隨在佛陀身旁，總有一天一定能悟道解脫，結果佛陀涅槃了，他仍未悟道，最後還是要靠自己努力用功而得解脫。

莫誤信神通被詐騙

坊間有些神壇神棍說是只要捐錢布施，便能幫忙修懺，請鬼神顯神通消除業障。特別是針對家中喪親者說是可代懺消除累劫家族宿業；或是對於恰巧時運不濟者，說是代懺改運可請走身邊的怨親債主，從此時來運轉。甚至有人說是可以用符咒，將別人業力移轉至己身，代爲受苦受難，但是辦置懺法壇場，需要高額的超薦費用。

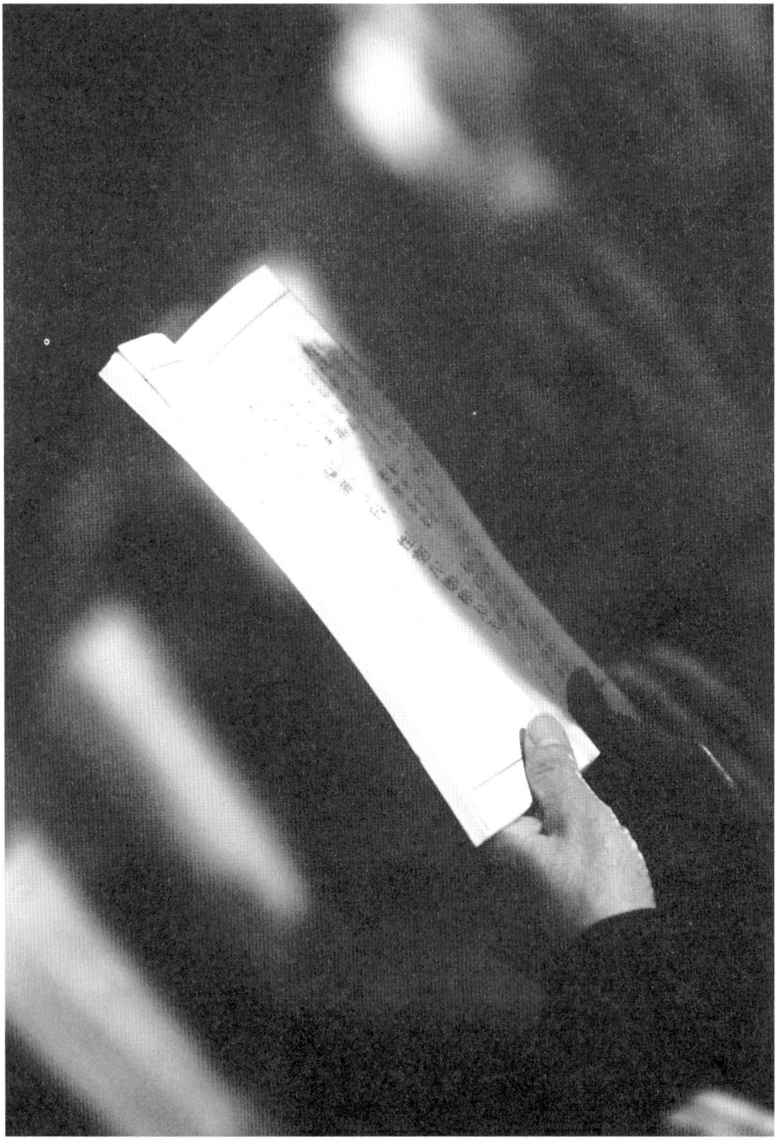

（李東陽　攝）

這些不合因果與因緣的作法，都是非正信的怪力亂神說法，只是將錢財投入無底洞裡，實際上無法消除業障。如果讓人自以爲業障已除，而繼續爲惡造業，反而是雪上加霜，得不償失。最踏實的作法，還是相信佛、法、僧三寶，自己親自拜懺悔罪最有效。

Question

44

拜懺後如無法改正，是否爲對佛說謊？

有的人想學佛，卻不敢皈依受戒成三寶弟子，原因是怕受戒犯戒，罪加一等，不如不要受戒，只要學法修行就好。有的人不參加拜懺法會，也是因爲不好意思在佛菩薩前懺悔，而且擔心如果發願悔過，結果都做不到，等同是妄語，不如不拜懺。

提起道心，放下煩惱

祖師製作禮懺儀軌的目的，並非爲懲罰人的罪行，而是幫助人改過向善，清淨自心，如此才能安心修行。因此，重點不在於自己是否潔白如新，未曾犯錯；也不在於是否拜懺後，從此言行完美；而是能讓我們知道自己的不足，願意學習承擔責任，能提起道心，放下煩惱。

（釋常鐸　攝）

改變需要時間與耐心

人的壞習慣都是日積月累而成，拜懺雖發願要改變自我，但畢竟無法一蹴而就，需要時間與耐心慢慢調整習慣。因此，拜懺後如一時之間，仍無法改善自己的身、口、意行爲，並非是對佛說謊，但是要起慚愧心。例如說話口不擇言，傷人後要道歉，提醒自己要謹言愼行。如此一來，便發揮了拜懺的力量，能融入我們的生活與修行裡。

Question

45

避免犯太歲可以拜懺消災嗎？

所謂的犯太歲，是指出生年分的生肖與流年的生肖相沖、相害，會造成流年不利，而百事不順，如事業困難、生病等。如果希望平安度過，就要到廟裡安太歲，以趨吉避凶，祈求諸事順遂。

以四它逢凶化吉

安太歲屬於民間信仰，佛教並沒有此一說，但是很多民眾逢年過節還會是到寺院點光明燈，或是拜懺祈福消災，以達安太歲功能。點光明燈可以供養三寶種福田，但是不能將它當成無所不能的神燈，欲眞正消災免難，還是需要用佛法點亮自己的心燈，以智慧光照破無明。讓自己面對任何問題挑戰，都能運用聖嚴法師的「四它」：「面對它，接受它，處理它，放下它。」不論所遇的是順境或逆境，都不起因得失心起煩惱罣礙，能以感恩心、慚愧心視爲是成長自己的因緣，如此定能逢凶化吉。

年年大好年

在一年的開始拜懺，懺悔過去，迎接新年，即是「心靈上的除舊布新」。用心懺悔去年對不起人或對不起自己之處，發願今年自己不論對人、對事，都會負起承擔責任。如此提振精神，便能掃除煩惱，當人清心自在了，新的一年自然氣象一新。

常懷感恩心，則人人是貴人；常懷慚愧心，則事事都能鍊心；成長則常懷懺悔心，則處處都是修福修慧好道場。能如此，處處吉星高照，無須擔憂犯太歲，年年都是大好年！

Question

46

不能全程參加拜懺法會，功德會打折嗎？

如果參加的寺院拜懺法會爲期七天，能於懺期七天都來最佳，因爲七天的修行稱爲「七永日」，是指在七天之中，不間斷地、不休息地用功。所謂「永日」，爲每天清晨起床後先調心，以虔誠的態度準備參加拜懺，拜懺結束回家後，也仍然保持拜懺時的心，全天都充滿著修行的信心。因此，如果是一整天精進用功，都在修行的信心中，稱爲「一永日」。若是無法每天參加拜懺，來一天就有一天的清淨、精進。

共修不易懈怠

拜懺法會是集體的修行，是彼此互相的影響，參加者的心共同一致，唱誦與儀軌動作是一致的，修行比較不會懈怠，也不容易散亂。如果獨自一個人拜

（陳孟琪　攝）

懺，很可能拜一拜就休息，拜一拜就打妄想，容易昏沉，沒有辦法集中心力來規律地拜完。而共修時，由悅眾法師帶領唱誦，可感受道場氛圍的莊嚴與凝聚，心也比較容易專注，愈發虔誠。

專心一致最重要

至於無法全程參加而擔心功德打折，這是不必要的。拜懺貴在於心念，拜一炷香就有一炷香的功德；一分誠心就有一分感應，所以拜懺時能專心一致，比是否全程參加更重要。參加拜懺是共修，而不是趕集，所以不應抱著參加廟會、趕市集的態度，虛應故事、隨處攀緣，而是要收攝身心，讓自己分分秒秒保持在正念上，一方面以行動展現自我反省的決心，另一方面則透過眾人凝聚的修行氛圍，相互激發善念，從內心深處來滌清罪業。

Question

47

拜懺會發生異象嗎？

確實有許多人參加拜懺時，會發生「感應」，或是產生特殊的「覺受」，對於這些異象無法釋懷。

應無所住而生其心

「感應」是因至誠而與佛菩薩感應道交，聞到異味則屬於特殊「覺受」，面對這些異象，不用感到緊張。如感應到佛菩薩放光，有的人可能會感到歡喜，覺得自己拜懺見好相；如覺受到不舒服的異味，可能會感到討厭，覺得自己業障太重。不論情況為何，最好能如《金剛經》所說：「應無所住而生其心。」不執著於自己的感受、經驗，才能不起在意好壞得失的煩惱心，而可與佛教空觀的「無相懺」相應。

（釋常鐸　攝）

因緣生、因緣滅的暫時現象

如果心裡還是對於一些覺受感到不安，一時之間放不下，不妨轉個念頭來調心，讓慈悲心代替厭惡心與恐懼心。例如參加梁皇寶懺時，有人會在放置牌位的功德堂聞到屍臭味，好像許多亡靈都來參加法會。亡靈若既未往生佛國，也未轉生他處，經常以遺體或棺木爲自己的棲息處，流連不去，即是「守屍鬼」，雖然已往生了，仍執著於人身。

當他們來到法會現場，我們更應該以慈悲心邀請他們聽聞佛法，希望他們不要執著人身，並藉由佛法超度的力量，請他們能放下一切執著，早日轉生。而我們自己更要把握人身來拜懺，以免隨著罪業六道流轉。畢竟無論是哪種異象，皆是因緣生、因緣滅的暫時現象，只是短暫無常的人生風景。

Question

48

拜懺要懺悔到痛哭流涕才有效？

眞心懺悔時，回想到自己所做的種種行爲，不知傷人多深？想到自己的不成器，連累父母、家人、同事不知多少？一般人通常都會淚流滿面，這是一種善根，知慚愧，能懺悔。但是，並非不流淚就非眞心悔過。重要的是能否專注於禮懺，誠心用功。

隨懺法懺罪，不隨煩惱波動

有的人雖然泣不成聲，但是所想的都是自己的委屈無辜，爲自己感到不捨而哭，這是與自我執著煩惱相應，出離不了情緒漩渦，拜懺後反而卸除不了心事。或是有的人愈想愈悔不當初，過度自責與懊惱，結果整個禮懺過程都無法放鬆身心、放下煩惱，專心依懺文內觀，反而還是隨著業力流轉起煩惱。如此眼淚流得再多，恐怕只有紓解壓力與安慰自我的效用，無法透過懺罪來安身安心。

真心最重要

由於善導大師的《往生禮讚偈》說懺悔有上、中、下三品：

1.上品懺悔：全身毛孔和眼睛都出血。
2.中品懺悔：全身毛孔發熱出汗，而眼出血。
3.下品懺悔：全身微熱，而眼出淚。

有的人非常用功，希望依此檢查是否懺罪清淨，而誤以爲最高的上品懺悔實難做到，但至少要做到下品懺悔的流淚，表示眞心悔改，才有效用。其實《往生禮讚偈》已說：「應知雖不能流淚、流血等，但能眞心徹到者，即與上同。」因此，三品雖有差別，眞心即能懺罪。

Question

49

家人覺得拜懺是迷信怎麼辦？

如果只要一出門參加拜懺，家人便臉色不悅說：「不要太迷信了！」我們不妨想想是什麼原因讓對方不開心，千萬不能覺得不信佛就是業障重。

感謝家人的成全

如果能全家一起拜懺共修，便是最好的全家福。然而，全家人都學佛並不容易，通常只要能尊重家人信仰自由，便已屬難得。因此，能去寺院共修，心裡要感謝家人的成全，讓自己能安排修行時間。

會讓家人覺得學佛拜懺是迷信，或許是因們我們太過投入於修行，忽略了陪伴與照顧家人，所以認爲我們迷失了人生方向。

（釋常鐸　攝）

一起參訪寺院禮佛

另外，傳統社會對於經懺佛事的誤解，也容易讓人以為拜懺是迷信鬼神，有些家人可能會擔心拜懺會招感鬼神。甚至，需要捐款護持法會時，如果護持較多或是向家人勸募，有時也可能會讓他們有所顧慮，不知是否為邪教斂財。如果家人有此疑慮，不妨多做溝通與說明。

如有機會，可帶家人一起參訪寺院禮佛，讓他們了解自己是在正信的道場共修，參加者都是和善的道友法侶，這樣他們就能安心。

但是最好的方式，還是讓家人感受到我們在拜懺共修後的轉變，對待家人更為體貼，多關懷少抱怨，他們自能感受到拜懺後，確實會改過向善。看到我們的成長，家人對於參加拜懺自然樂見其成。

Question

50

拜懺可以讓人生從此一帆風順嗎？

人人都希望日日是好日，一帆風順，但什麼是過好日子呢？

現代人的生活過於緊張忙碌，往往身心緊繃，無法放鬆。如果能每天都過得心安理得，不會因心事罣礙，睡不著、吃不下，那就是平安快樂好日子。看似稀鬆平常，卻不容易。

種瓜得瓜，種豆得豆

我們的家庭、事業、健康、情感，難免會產生種種的挫折、磨難。這些阻礙、不如意、不順心，都是我們過去在有意、無意間所造的種種罪業，而形成的果報。許多人不理解因果業報的觀念，一旦果報現前了，便會怨天尤人：「爲什麼別人都平安無事，只有我遇到這樣的事，這世界眞是不公平！」

其實世間種種現象都是公平的，種瓜得瓜，種豆得豆，看似老生常談，實則如此：「欲知前世因，今生受者是。」種如是因得如是果，這是從因推演到果，也就是說，「現在」是果而不是因。但是因果並非單純的事，我們接受果報的同時，本身即是因：「欲知來世果，今生作者是。」

將「過去」當因，視「現在」爲無可改變的果，這是宿命論，不是佛法。佛法的觀念爲因緣、果報，而緣有主動、被動之分。例如欠債被逼還錢，這是被動的緣；如果是捐錢賑災，則是主動的緣。佛法的積極精神，即在於能轉被動爲主動，讓人不再消極面對受報。

命運操之在己

現在有好運，一定是過去曾造善業；現在有惡運，一定是過去曾造惡業；未來的好運，一定是從過去善業加上現在努力；未來的惡運，一定是過去惡業加上現在懈怠和造惡。命運掌握在自己的過去、現在和未來，基於我們現在的善惡與勤惰，惡運可以改變，但好運也可能消失。

佛教的懺悔業障，則鼓勵人要能擔當自己的問題，甚至也能擔當別人的問題，而因爲能承擔就有勇氣、有信心，並清楚正確的人生道路：「諸惡莫作，衆善奉行，自淨其意，是諸佛教。」因此，做任何事都感到平安吉祥。

（釋常鐸　攝）

學佛入門Q&A 16

拜懺50問

50 Questions on Repentance Prostration Practice

編著	法鼓文化編輯部
攝影	李東陽、李蓉生、施純泰、陳孟琪、張晴、釋常鐸
出版	法鼓文化
總監	釋果賢
總編輯	陳重光
編輯	張晴
美術設計	和悅創意設計有限公司
地址	臺北市北投區公館路186號5樓
電話	(02)2893-4646
傳真	(02)2896-0731
網址	http://www.ddc.com.tw
E-mail	market@ddc.com.tw
讀者服務專線	(02)2896-1600
初版一刷	2018年5月
初版三刷	2023年7月
建議售價	新臺幣180元
郵撥帳號	50013371
戶名	財團法人法鼓山文教基金會—法鼓文化
北美經銷處	紐約東初禪寺 Chan Meditation Center (New York, USA) Tel: (718)592-6593 E-mail: chancenter@gmail.com

法鼓文化

國家圖書館出版品預行編目資料

拜懺50問 / 法鼓文化編輯部編著. -- 初版.
-- 臺北市 : 法鼓文化, 2018.05
面； 公分
ISBN 978-957-598-779-4（平裝）

1.懺悔 2.佛教儀注 3.問題集

224.4022 107004167